FILIATION DES AINÉS

DE LA

MAISON DE VALORI

———

PARIS

TYPOGRAPHIE DE AD. LAINÉ ET J. HAVARD

RUE DES SAINTS-PÈRES, 19

1864

FILIATION DES AINÉS

DE LA

MAISON DE VALORI

———— ❧ ————

I. Rustichello Ier, prince souverain de Fiésole, palatin de Toscane *par la grâce de Dieu*, vicaire général de l'Empire, vivait en 934. Il épousa Richilde, fille d'Othon le Grand, empereur d'Allemagne.

II. Rustichello II, prince de Fiésole, palatin de Toscane, vivait en 970. Il épousa Édith, fille de Bernard d'Angrie, premier électeur de Saxe.

III. Bonino Rustichelli, prince de Fiésole, palatin de Toscane, vivait en l'an 1038. L'empereur Conrad lui confisqua la principauté de Fiésole. Il épousa Massaia, comtesse de Rimini.

IV. Godefrido Rustichelli, surnommé *le Bossu*, prince de Fiésole, duc, marquis et palatin de Toscane, associé à la couronne de Toscane, vivait en 1059. Il épousa la fameuse comtesse Mathilde, fille de Boniface II, duc de Toscane, et de Béatrix de Souabe.

V. Pietro Rustichelli, prince de Fiésole, palatin de Toscane, vivait en 1097. Il figura à la première croisade à la tête des chevaliers florentins. Il avait épousé Bertha, comtesse de Romagne, sa cousine, des princes Rustichelli-Guidi.

VI. Orlando Ier Rustichelli, prince de Fiésole, palatin de Toscane, vivait en 1125. Il épousa Stéphanette della Scala, des comtes souverains de Vérone.

VII. Rustichello IV, prince de Fiésole, palatin de Toscane, grand gonfalonier de l'Église, vivait en 1160. Il épousa Béatrix d'Este, fille d'Albert-Azzo d'Este et d'Hermengarde, comtesse du Maine ; Béatrix était sœur de Guelf, duc de Bavière, tige de la maison royale de Bavière.

VIII. Rustichello V, prince de Fiésole, palatin

de Toscane, vivait en 1193. Il épousa Magdeleine de Montelfro, des princes Rustichelli-Guidi, ducs d'Urbin, sa cousine.

IX. Orlando II Rustichelli, prince de Fiésole, palatin de Toscane, maréchal de la sainte Église romaine, vivait en 1211. Il épousa Giovanna Orsini, fille de Mathieo Orsini, sénateur de Rome, et de Gemma Monticelli. C'est sous le règne de ce prince que les Florentins s'emparèrent de Fiésole.

X. Rustichello VI Rustichelli, des princes de Fiésole, podestat de Florence, chef du parti guelfe, vivait en 1242. Il épousa Ermessende de Gonzague, fille de Guido de Gonzague, seigneur de Mantoue.

XI. Orlando III Rustichelli, des princes de Fié-sole, podestat de Florence, vivait en 1268. Il épousa Contessina de Médicis.

XII. Valore Rustichelli, des princes de Fiésole, podestat de Florence, prieur de la liberté en 1293, épousa sa cousine germaine Ostia de Médicis, fille de Silvestre Médicis et de Sinibalde Donati.

XIII. Taldo Rustichelli-Valori, des princes de Fiésole, surnommé *le Grand,* gonfalonier de la ré-publique de Florence, chef du parti guelfe, vivait en 1349. Il épousa : 1° Dianora Aldobrandini;

2° Françoise Bardi, tante de Contessina Bardi, femme de Cosme de Médicis dit *le père de la patrie.*

XIV. Gabriel de Valori, des princes de Fiésole, prince de Cozenza, duc de Gaëte, baron de Château-Renard, châtelain héréditaire des châteaux de Tarascon et de Beaucaire, vice-roi de Naples et de Provence, naquit à Florence le 14 février 1326, et mourut à Gaëte en 1409. Il épousa Marguerite d'Anjou, comtesse de Trani, nièce de la reine Jeanne.

XV. Barthélemi de Valori, prince de Cozenza, duc de Gaëte, marquis de Lecce au royaume de Naples, baron de Château-Renard en Provence, etc., grand-maître de la maison du roi René, viguier d'Arles et gouverneur d'Anjou, naquit à Naples le 6 mai 1376. Il épousa Césarée d'Arlatan, fille de Jean d'Arlatan, coseigneur souverain d'Arles, et de Bertrande des Porcellets.

XVI. Louis Ier de Valori, des princes de Fiésole, marquis de Lecce au royaume de Naples, sire d'Estilly en Touraine *par la grâce de Dieu*, premier écuyer de Charles d'Anjou, comte du Maine, garde du sceau du roi Charles VII, gouverneur d'Anjou; épousa Catherine, fille de Jean de Brisai, et de Marie de Rochechouart.

XVII. Georges de Valori, des princes de Fiésole, marquis de Lecce au royaume de Naples, sire d'Estilly en Touraine, gouverneur d'Anjou, premier écuyer du roi Charles VIII, exécuteur testamentaire de Charles d'Anjou, comte du Maine ; épousa Isabeau de Montalembert.

XVIII. Jean de Valori, des princes de Fiésole, marquis de Lecce au royaume de Naples, sire d'Estilly, premier baron de Touraine, fut créé chevalier par le roi Louis XII sur le champ de bataille d'Aignadel où il commandait un corps d'armée. Il épousa Renée de France, fille de Brandelis de France, comte de Champagne la Suze, et de Renée de Valois, sœur de Charles VIII, roi de France, par conséquent, petite-nièce de Charles VI, roi de France, et d'Isabelle de Bavière (1).

XIX. Philippe de Valori, des princes de Fiésole, etc , capitaine de cent lances des ordonnances du roi, épousa Catherine de la Grandière.

---

(1)

Charles VII,
marié à Marie d'Anjou.
|
Louis XI.
|

(a) Charles VIII,	(b) Renée de Valois,
marié à Anne de Bretagne.	mariée à Brandelis de France.
	Renée de France,
	mariée à *Jean de Valori*.

XX. Antoine de Valori, des princes de Fiésole, etc., gouverneur d'Anjou, capitaine des quarante-cinq, de la maison du roi, épousa Marie de Moreau.

XXI. Louis II de Valori, des princes de Fiésole, etc., mestre de camp de cavalerie, épousa Marie, fille de Charles, comte de Montsoreau, et de Françoise de Méridor.

XXII. Louis III de Valori, des princes de Fiésole, marquis de Lecce et d'Estilly, comte de Beaumont en Véron, premier baron de Touraine, lieutenant-général des armées du roi, se distingua à la bataille des Dunes. Louis XIV lui accorda des lettres patentes reconnaissant ses nombreuses parentés avec la maison de France (1). Il épousa Cathe-

---

(1) I. Tableau synoptique prouvant que les rois de France François II, Charles IX et Henri III étaient arrière-petits-neveux par alliance d'Isabella Valori :

(a) Pierre de Médicis II.	(b) Bravio de Médicis,
	marié à *Isabella Valori*.
Laurent de Médicis II.	
Catherine de Médicis,	
femme de Henri II, roi de France.	
François II, Charles IX, Henri III,	
rois de France.	

II. Tableau synoptique prouvant que les rois de France Henri IV,

rine le Voyer de Paulmi d'Argenson, filleule de la sérénissime république de Venise.

XXIII. Marc-René-Alexis de Valori, des princes de Fiésole, marquis d'Estilly et de Lecce, etc., bri-

---

Louis XIII et Louis XIV étaient petits-neveux par alliance de Paul-Antoine Valori, des princes de Fiésole :

| (a) Cosme Ier de Médicis, grand-duc de Toscane. | (b) Constance de Médicis, femme de *Paul Valori*. |

(*a*) Cosme Ier de Médicis,
grand-duc de Toscane.
|
François-Marie de Médicis,
grand-duc de Toscane,
marié à Jeanne, archiduchesse d'Autriche.
|
Marie de Médicis,
mariée à Henri IV, roi de France.
|
Louis XIII.
|
Louis XIV.

(*b*) Constance de Médicis,
femme de *Paul Valori*.

III. Tableau synoptique prouvant que Alessandro Valori était arrière-petit-fils par alliance de Henri IV, roi de France, et de Marie de Médicis :

Henri IV, roi de France, marié à Marie de Médicis.
|
Gaston, duc d'Orléans, marié à Marguerite de Lorraine.
|
Marguerite-Louise d'Orléans,
mariée à Cosme III de Médicis, grand-duc de Toscane.
|
Marie-Jeanne de Médicis, mariée à *Alessandro Valori*, duc de Montemurlo.

Alessandro, par ce mariage, était petit-fils et petit-neveu de deux rois de France et de trois grands-ducs de Toscane.

gadier des armées du roi, chevalier de Saint-Louis, épousa, le 2 mai 1736, Gabrielle-Élisabeth de Montmorenci, fille de Michel-Séraphin de Montmorenci, seigneur des Escotais, duc d'Acquest, comte d'Ormilly et de Chantilly, héritière de sa branche et de Louise-Élisabeth de Montmorenci-Laval.

XXIV. Louis-Marc-Antoine de Valori, des princes de Fiésole, marquis d'Estilly et de Lecce, comte de Beaumont en Véron, premier baron de Touraine, fut reconnu prince et patricien toscan par lettres impériales et royales du 12 février 1785, et substitué à tous les droits, honneurs et prérogatives des aînés de sa maison éteints à Florence en 1784. Il fut maréchal des camps et armées et lieutenant du roi en Provence. Il épousa Henriette-Joséphine de Thomassin, fille de Joseph-Étienne de Thomassin, marquis de Saint-Paul, de Montglat et de Pernes, vicomte de Reillanne, premier président au parlement de Provence, et de Louise de Marbeuf, sœur du comte de Marbeuf, premier gouverneur de Corse, le bienfaiteur de la famille Bonaparte.

XXV. Henri-Zosime de Valori, des princes de Fiésole, marquis d'Estilly et de Lecce, marquis de Saint-Paul, de Monglat et de Pernes, comte de Rognac, vicomte de Reillanne, baron de Château-Renard, Eyragues, Cabanes, Alby, Villargèles, Bompas, Rognonas, les îles de Barban, de Moustelle et d'Ompal, seigneur de Fuveau et de Penanvern, coseigneur de Noves, prince et patricien toscan, reçu chevalier de minorité de l'ordre de Malte sous les auspices de son oncle le commandeur de Valori, grand prieur de la langue de France, naquit à Château-Renard, le 7 juin 1786, et y mourut le 31 janvier 1859. Il épousa Anne-Caroline de Trochon de Laudigeois, fille de Charles, comte de Laudigeois, et de Geneviève de Villeroi, des seigneurs d'Osseville. Le 24 août 1855, le Tribunal de la Seine ordonna que le nom patronymique des princes souverains de Fiésole, Rustichelli, reconnu identique à celui de Valori, n'en serait jamais séparé, et que les actes de naissance de MM. de Valori seraient rectifiés dans ce sens.

XXVI (*a*). Charles-Ferdinand-Louis de Valori-Rustichelli, des princes de Fiésole, marquis de Valori, prince Rustichelli, a épousé Anne-Aglaé de Taillepied de Bondy, dont il a un fils, Taldo de Valori-Rustichelli, né en 1852.

XXVI (*b*). Roland-Anne de Valori-Rustichelli, des princes de Fiésole, marquis de Lecce, prince toscan.

XXVI (*c*). Henri-François de Valori-Rusti-

chelli, des princes de Fiésole, marquis de Montglat, prince toscan, chambellan de Son Altesse
impériale et royale le grand-duc de Toscane, né en
1833.

XXVI (*d*). Francesca de Valori-Rustichelli, mariée à Ferdinand, marquis de Beausset-Roquefort,
neveu du comte de Beausset, pair de France, ar-
chevêque d'Aix, et du cardinal duc de Beausset,
pair de France, cordon bleu, membre de l'Aca-
démie française.

XXVI (*e*). Henriette de Valori-Rustichelli.

E 1re INSTANCE

A SEINE.

—

u 24 août 1855.

—

E M. DE BELLEYME,

JUGEMENT

EN FAVEUR DES PRINCES

DE LA

MAISON DE VALORI

PARIS

TYPOGRAPHIE DE AD. LAINÉ ET J. HAVARD
RUE DES SAINTS-PÈRES, 19

—

1864

Paris. — Typ. de Ad. Lainé et J. Havard, rue des Saints-Pères, 19.

JUGEMENT

EN FAVEUR DES PRINCES

DE LA

MAISON DE VALORI

Il s'agit d'une des plus antiques et des plus illustres familles : cette illustration et cette ancienneté, elle en demande au Tribunal la nouvelle consécration.

Le nom de cette famille se compose de deux noms patronymiques :

RUSTICHELLI et VALORI.

Le premier est le plus ancien ; c'est sous celui-là qu'elle est connue dans l'histoire d'Italie, et en particulier dans l'histoire de Florence, depuis l'an 800 environ jusqu'en 1252.

C'est sous ce nom qu'elle a possédé souverainement la principauté de Fiésole, que plusieurs de ses membres ont été ducs de Toscane, princes palatins de Toscane par la grâce de Dieu, vicaires généraux de l'Empire, maîtres des Marches d'Ancône et d'une partie de la Lombardie.

C'est sous ce nom qu'elle a donné à l'Église un pape et plusieurs cardinaux.

Le second a été ajouté au premier vers le milieu du treizième siècle pour distinguer la branche aînée des autres branches de la famille. Cet usage était général dans la république de Florence comme dans l'ancienne Rome et s'appelait *consorterie*.

Les Rustichelli se divisèrent en plusieurs branches : les Rustichelli-Guidi, ducs d'Urbin ; les Rustichelli-Giudice, ducs de Giovennazo, princes de Cellamare, et les Rustichelli-Valori, aînés de leur maison, qui prirent le nom de Valori de leur cri de guerre : *Gloria Valori!*

C'est sous le nom de Valori qu'elle a donné à la république de Florence treize grands gonfaloniers ou chefs suprêmes de cette république, trente-trois prieurs de la liberté, seize ambassadeurs, un cardinal, etc.

Taldo Rustichelli, grand gonfalonier de la république en 1349, fut le premier personnage historique de cette grande maison connu sous le nom de Valori ; il eut deux fils :

Nicolla et Gabriel.

Nicolla, l'aîné, continua la postérité de Taldo à Florence et sa branche s'éteignit en 1687, dans la personne du sénateur Alessandro Valori, prince Rustichelli, etc., qui avait épousé Marie-Jeanne de Médicis, fille de Cosme III de Médicis, grand-duc de Toscane, et de Marguerite-Louise d'Orléans.

Gabriel, le cadet, s'attacha à la fortune de la reine Jeanne de Naples, qui le créa prince de Cozenza, vice-roi de Naples et de Provence, et lui fit épouser sa nièce, Marguerite d'Anjou, comtesse de Trani. De ce mariage il eut deux fils, *Barthélemy* et *Gabriel*, qui accompagnèrent en Provence les princes de la maison d'Anjou.

Barthélemy, l'aîné, épousa Césarée d'Arles ; il eut plusieurs fils.

Louis, l'aîné, épousa Catherine de Brisai, qui lui apporta en dot la *sirerie* d'Estilly en Touraine ; il eut plusieurs fils.

Georges, l'aîné, épousa Isabeau de Montalembert ; il eut plusieurs fils.

Jean, l'aîné, épousa, en 1510, Renée de France, fille de Brandelis de France, comte de Champagne la Suze, et de Renée de Valois, dame de Varie, propre sœur du roi Charles VI.

Par cette alliance les Valori devinrent *cousins du roi,* titre supérieur à celui de duc ou de prince.

C'est de Jean de Valori et de Renée de France que descend en ligne masculine et directe Charles-Ferdinand-Louis, comte de Valori, prince Rustichelli, demandeur.

Le surnom d'Estilly est celui d'un fief. Il est demeuré depuis 1464 jusqu'en 1793 dans la famille de Valori, elle l'a toujours pris dans les actes publics jusqu'en 1822. A cette époque il a été omis, par négligence, dans l'acte de baptême du demandeur.

Ce surnom est celui de la branche aînée des Valori établie en France. C'est avec ce surnom que la maison de Valori a donné à la France des ambassadeurs, des gouverneurs de province, des hommes de guerre illustres qui à Aignadel, à Fornoue et à Coutras commandaient des corps d'armée, huit lieutenants-généraux, dont l'un commandait le génie militaire à la victoire de Denain, et dont l'autre était proclamé, par le grand Frédéric, un des trois plus habiles capitaines français du dix-huitième siècle.

Pour ces causes, la maison de Valori, dans la personne de Charles-Ferdinand-Louis, comte de Valori-d'Estilly, prince Rustichelli, demande :

1° A ce que le nom d'*Estilly*, surnom propre à sa branche, soit ajouté sur les actes de l'état civil et que rectification soit faite de son extrait de baptême;

2° A ce que le nom de *Rustichelli*, nom patronymique et primitif de sa famille, soit également ajouté;

3° A ce que le titre de *prince* y soit aussi mentionné et maintenu comme descendant en ligne directe des ducs de Toscane, des princes souverains de Fiésole, et des princes palatins de Toscane.

Qu'en effet, des chartes impériales des années 1038, 1220, 1260 et autres, il résulte que les Rustichelli étaient qualifiés de *très-chers princes*, de palatins de Toscane par *la grâce de Dieu*, et de feudataires de l'Empire par les empereurs d'Allemagne.

Que, d'un jugement rendu à Florence le douze

février mil sept cent quatre-vingt-cinq, légalisé par
le comte de Durfort, ministre de France en Toscane, dont la traduction a été faite du latin en
français par Hasenfeld, interprète juré assermenté
près la Cour impériale de Paris, et déposé pour
minute en l'étude de maître Dufour, notaire à Paris, place de la Bourse..., il résulte :

« Que la famille dont le surnom est de *Valori* a
« établi son domicile à Florence ; mais que dans les
« temps les plus reculés elle a tiré son origine de
« la ville très-ancienne de Fiésole en Étrurie, sous
« le nom de *Rustichelli*, de laquelle diverses autres
« familles sont provenues, parmi lesquelles il est in-
« dubitable que l'on compte celle de *Valori*, comme
« on peut le voir par différents documents et par-
« chemins existant dans les archives florentines.

« Que cette famille de Valori a exercé la souve-
« raineté et a occupé un très-grand nombre de fois
« les premiers honneurs à Florence, et a rempli les
« plus hautes charges, savoir : celles de gonfalo-
« nier et de prieur.

« Qu'à l'époque de la guerre d'Italie, qui a eu
« pour cause la succession au royaume de Naples,
« les princes de la maison d'Anjou, qui y aspiraient,
« conclurent un traité avec la république de Flo-

« rence et que, par cette raison, beaucoup de citoyens
« florentins se sont voués au service de ces prin-
« ces, etc. ; que la république elle-même, ainsi que
« celle de Sienne en Toscane, a envoyé des troupes
« au secours des mêmes princes, ainsi qu'on le trouve
« dans les historiens et qu'il est affirmé par eux.

« Qu'entre autres familles florentines qui, à cette
« époque, ont abandonné leur patrie et se rendi-
« rent à Naples, la famille des *Valori* s'y est trans-
« portée, spécialement Gabriel de *Valori*, duquel
« Gabriel plus tard, quand Louis II d'Anjou est
« retourné de Naples en France, la famille des *Va-*
« *lori* qui, à partir du très-célèbre Barthélemy,
« premier fils dudit Gabriel, a établi sa résidence
« en France, tire son origine. »

Que, si on se reporte à l'examen des titres de la
branche française de la maison de Valori, issue de
Gabriel de Valori, premier du nom, et de Marguerite d'Anjou, on voit que le titre de prince figure
dans plusieurs actes importants, notamment dans
le testament de Gabriel de Valori, deuxième du
nom, déposé dans les minutes de Guillaume Gi-
rardy, à la date du 30 juin 1442, dans lequel on
lit : *Ego Gabriel Valori senior, de principibus fe-*
sulanis, princeps Cozentiæ, castellanus et guberna-
tor Tharasconis, volo, jubeo et mando corpus sive

cadaver meum , sepeliri et humari et sepultura ec-
clesiastice tradi in ecclesia Sanctæ Marthæ Tharas-
conis in choro cujusdam , scilicet ante magnum al-
tare. Qu'ainsi donc, ce n'est pas seulement en Italie, mais aussi en France que les membres de la
maison de Valori ont été reconnus comme princes.

Qu'il est de notoriété publique qu'à la suite du
jugement rendu à Florence le 12 février 1785, des
lettres patentes furent délivrées en 1786 à Louis-
Marc-Antoine, marquis de Valori, lesquelles lettres
le substituaient à tous les droits, honneurs et prérogatives des aînés de sa maison éteints à Florence en
1689.

Qu'il est également de notoriété publique que
lesdites lettres patentes ont été détruites avec beaucoup d'autres titres au sac du château de Château-
Renard en 1792.

Que les membres de la maison de Valori n'en
ont pas moins été qualifiés de princes par les
grands-ducs de Toscane comme il appert de nombreux documents contemporains.

Qu'au surplus le rang et le titre de prince n'ont
jamais été refusés en France aux descendants d'une
maison souveraine.

Que plus qu'aucune autre, par la grandeur de ses origines, par son ancienneté, par ses alliances royales et par les grands hommes qu'elle a produits, la maison de Valori a droit à cet honneur.

Que si, lors des années 1786 et suivantes, le marquis de Valori, aïeul du demandeur, qui, à cette époque, s'occupait de faire valoir ses droits, n'a pas donné suite à ses démarches, cela tient uniquement aux événements politiques qui sont survenus, à la terreur qui en a été la conséquence et qui a empêché le marquis de Valori, aïeul du demandeur, de faire rectifier dans ce sens leur acte de l'état civil. Ce soin a été dévolu à son petit-fils ; il a établi ses droits d'une manière irréfragable et le tribunal a rendu le jugement suivant.

JUGEMENT.

— Attendu que les familles se distinguent entre elles par des noms patronymiques ; que les noms s'acquièrent par la possession ;

— Attendu que les diverses branches d'une même famille se distinguent encore entre elles par l'addition d'un second nom spécial à la branche, et que ce nom distinctif résulte également de la possession ;

— Attendu qu'il arrive souvent que la branche ne conserve que ce nom distinctif, et cesse de faire usage du nom patronymique ; mais qu'aucune loi ne décide que le nom primitif se perd par le non-usage ; et que la cessation de la possession oblige seulement les descendants à qui elle n'a point été transmise, à demander une rectification de l'acte ou des actes qui les concernent ; que cette rectification, fondée sur l'antique possession dûment constatée, peut être autorisée puisqu'elle a pour base un droit qui s'est transmis par l'hérédité ; que les tribunaux sont investis alors du pouvoir d'apprécier si cette demande n'a point d'inconvénient au point de vue de l'ordre public, soit à raison de la trop grande multiplicité des noms, soit pour tout autre motif ;

— Attendu que de Valori demande la rectification de son acte de naissance, dressé le dix février mil huit cent vingt à la mairie du onzième arrondissement, en ce que son nom de famille y a été déclaré sous le seul nom de Valori, au lieu d'y être déclaré : de Valori d'Estilly prince Rustichelli ;

En ce qui touche le nom d'Estilly :

— Attendu que de Valori justifie, par l'acte de naissance de son père, du sept juin mil sept cent quatre-vingt-six, que son aïeul y prenait le nom de marquis de Valori d'Estilly, seigneur de la Gouze, Fromentières, etc., et autres lieux, en Touraine. Que, s'il est vrai que le nom d'Estilly apparaît ici acompagné d'une qualification féodale abolie, ce n'est pas à ce titre, mais au point de vue d'un nom distinctif de sa branche, que de Valori en réclame la possession ; qu'il est constant que son père et son aïeul le prenaient comme nom distinctif, et qu'il résulte de nombreux documents imprimés que depuis longtemps ce nom était en usage dans la famille de Valori comme nom distinctif de branche, qu'ainsi la possession est constante et non interrompue, jusqu'à l'acte de naissance du requérant.

En ce qui touche le nom de Rustichelli :

— Attendu que de Valori produit un jugement généalogique, donné à Florence, le douze février mil sept cent quatre-vingt-cinq par trois experts des choses antiques, dont les signatures sont dûment légalisées par le président des archives générales de Florence ; que la signature de ce dernier est légalisée par le comte de Durfort, ministre plénipotentiaire du roi de France près du grand-duc de Toscane ; que ce document, en langue latine, avec une traduction en français, par expert assermenté, près du tribunal, a été déposé, pour minute, en l'étude de Mᵉ Dufour, notaire à Paris, le neuf mai mil huit cent cinquante-quatre ; qu'il résulte de ce document : « que la famille dont le surnom est de Valori a établi son domicile à Florence, mais que, dans les temps les plus reculés, elle a tiré son origine de la ville très-ancienne de Fiésole, en Étrurie, sous le nom de Rustichelli, desquels diverses autres familles sont provenues, parmi lesquelles il est indubitable que l'on compte celle de Valori, comme on peut le voir par différentes pièces et documents existant dans les archives florentines. »

Qu'il en résulte également, indépendamment de plusieurs autres détails, que la famille de Valori est venue s'établir en France ;

— Attendu qu'il suit de là : que de Valori a des titres suffisants pour réclamer la possession du nom primitif de Rustichelli que portait autrefois sa famille ; qu'il y a un intérêt légitime ; que le document ci-dessus prouve que sa famille a toujours eu en vue de réclamer cette possession interrompue à une époque où la notoriété la rendait moins nécessaire. Qu'aucune objection fondée ne s'élève contre la demande par lui formée.

En ce qui touche le titre de prince :

— Attendu que les actes de naissance n'ont point pour

objet de constater des titres nobiliaires ; que s'il n'est pas interdit de les y énoncer, ils ne forment aucune preuve du droit au titre que prend le déclarant et qu'il ne résulte non plus aucune preuve ni prescription contraire du silence de l'acte à cet égard ;

Et attendu qu'il est constant, par la production de l'acte, que de Valori, dans l'acte de naissance de son fils, dressé en la mairie du dixième arrondissement, le vingt juillet mil huit cent cinquante-deux, a déclaré se nommer Charles-Ferdinand-Louis comte de Valori, prince Rustichelli ;

Par ces motifs, et sans rien préjudicier sur le droit aux titres, maintient, en ce qui concerne le nom de Rustichelli, l'acte de naissance du vingt juillet mil huit cent cinquante-deux.

Ordonne que l'acte de naissance de Charles-Ferdinand-Louis de Valori sera rectifié, en ce que le nom d'Estilly, appartenant à sa branche, y sera ajouté, ainsi que celui de Rustichelli, ancien nom patronymique de sa famille, et qu'il sera ainsi dénommé : de Valori-d'Estilly-Rustichelli.

Ordonne, en conséquence, que l'acte du vingt juillet mil huit cent cinquante-deux sera rectifié et qu'au nom de Valori sera ajouté celui de d'Estilly.

Fait et jugé, le 24 août 1855.

Tel est ce jugement dont l'importance n'échappera à personne.

'Malgré une prescription de plus de six siècles, le

nom de la maison souveraine de Rustichelli est reconnu identique avec celui de Valori, et les tribunaux ordonnent qu'il lui soit toujours adjoint, dans
les actes de l'état civil.

Il conste de là que prince *Rustichelli* et prince
Valori sont synonymes.

Quant au titre de prince, le tribunal, en pré-
sence des documents importants qui sont mis sous
ses yeux, maintient l'acte de naissance du 20 juillet 1852. Dans cet acte, le comte de Valori s'est
qualifié prince par définition d'état, comme descendant de maison souveraine et comme représen-
tant les Rustichelli, princes de l'Empire, princes
de Fiésole et princes Toscans, avant le dixième
siècle.

Aucune des maisons nobles de France qui ont
pris la qualification de prince, avant la Révolution,
n'ont eu des titres aussi imposants. Saint-Simon,
le juge le plus compétent en cette matière, démontre
que les rois de France, par tolérance et par cour-
toisie pour certaines grandes familles, ne se sont
pas opposés à l'appréhension du titre de prince,
pris par plusieurs de leurs membres, mais qu'ils ne
les ont jamais reconnus comme tels.

Depuis 1789, un autre procès, celui de Crouy-
Chanel, est venu confirmer celui de 1855 en faveur
de la maison de Valori Sur la seule preuve que les
armes de Crouy étaient celles de Hongrie, les tri-

bunaux ont reconnu la descendance de MM. de Crouy, de la maison royale de Hongrie, et les Crouy se sont qualifiés de Hongrie, princes de Crouy-Chanel.

La loi de 1858 a donné une nouvelle force à ce jugement. En effet le conseil du sceau des titres a admis comme principe que toute famille qui pouvait produire la preuve qu'un titre était porté avant 1789 était en possession de ce titre. Or les Valori ont produit plus de cinquante actes où leurs ancêtres sont qualifiés princes et ducs.

Nous n'insisterons pas davantage sur la valeur de l'acte judiciaire du 24 août 1855. Il établit un droit, imprescriptible et supérieur, une possession qui n'a rien de commun avec les généalogies, les hypothèses, les traditions et les prétentions posthumes invoquées par des familles se disant d'origine souveraine.

Depuis plusieurs siècles, comme l'atteste le jugement, la maison de Valori a toujours revendiqué ses droits. La haine héréditaire des Médicis contre les vaincus de Montemurlo (1), les a poursuivis en France, avec Catherine et Marie de Médicis ; mais les descendants des Baccio et des Francesco Va-

---

(1) Dernière bataille livrée en 1534, par Baccio Valori, pour la liberté de Florence.

lori (1) ne cessèrent de protester, et justice allait leur être rendue lorsque la révolution de 1793 vint retarder l'heure de la réparation. Cette heure a sonné, et les tribunaux français, qui ne sont plus émus par les cabales des courtisans, ont reconnu une filiation illustre de dix siècles, et peu de familles souveraines en Europe sont aussi anciennes !

FILIATION

DES

AINÉS DE LA MAISON DE VALORI.

I. Rustichello Ier, prince souverain de Fiésole, palatin de Toscane *par la grâce de Dieu,* vicaire général de l'Empire, vivait en 934. Il épousa Richilde, fille d'Othon le Grand, empereur d'Allemagne.

II. Rustichello II, prince de Fiésole, palatin de Toscane, vivait en 970. Il épousa Édith, fille de Bernard d'Angrie, premier électeur de Saxe.

III. Bonino Rustichelli, prince de Fiésole, pala-

___

(1) Francesco Valori, surnommé le Grand, gonfalonier de la république de Florence, fit expulser les Médicis en 1497.

tin de Toscane, vivait en l'an 1038. L'empereur Conrad lui confisqua la principauté de Fiésole. Il épousa Massaia, comtesse de Rimini.

IV. Godefrido Rustichelli, surnommé *le Bossu,* prince de Fiésole, duc, marquis et palatin de Toscane, associé à la couronne de Toscane, vivait en 1059. Il épousa la fameuse comtesse Mathilde, fille de Boniface II, duc de Toscane, et de Béatrix de Souabe.

V. Pietro Rustichelli, prince de Fiésole, palatin de Toscane, vivait en 1097. Il figura à la première croisade à la tête des chevaliers florentins. Il avait épousé Bertha, comtesse de Romagne, sa cousine, des princes Rustichelli-Guidi.

VI. Orlando Ier Rustichelli, prince de Fiésole, palatin de Toscane, vivait en 1125. Il épousa Stéphanette della Scala, des comtes souverains de Vérone.

VII. Rustichello IV, prince de Fiésole, palatin de Toscane, grand gonfalonier de l'Église, vivait en 1160. Il épousa Béatrix d'Este, fille d'Albert-Azzo d'Este et d'Hermengarde, comtesse du Maine ; Béatrix était sœur de Guelf, duc de Bavière, tige de la maison royale de Bavière.

VIII. Rustichello V, prince de Fiésole, palatin

de Toscane, vivait en 1193. Il épousa Magdeleine de Montelfro, des princes Rustichelli-Guidi, ducs d'Urbin, sa cousine.

IX. Orlando II Rustichelli, prince de Fiésole, palatin de Toscane, maréchal de la sainte Église romaine, vivait en 1211. Il épousa Giovanna Orsini, fille de Mathieo Orsini, sénateur de Rome, et de Gemma Monticelli. C'est sous le règne de ce prince que les Florentins s'emparèrent de Fiésole.

X. Rustichello VI Rustichelli, des princes de Fiésole, podestat de Florence, chef du parti guelfe, vivait en 1242. Il épousa Ermessende de Gonzague, fille de Guido de Gonzague, seigneur de Mantoue.

XI. Orlando III Rustichelli, des princes de Fié-sole, podestat de Florence, vivait en 1268. Il épousa Contessina de Médicis.

XII. Valore Rustichelli, des princes de Fiésole, podestat de Florence, prieur de la liberté en 1293, épousa sa cousine germaine Ostia de Médicis, fille de Silvestre Médicis et de Sinibalde Donati.

XIII. Taldo Rustichelli-Valori, des princes de Fiésole, surnommé *le Grand,* gonfalonier de la ré-publique de Florence, chef du parti guelfe, vivait en 1349. Il épousa : 1° Dianora Aldobrandini;

2º Françoise Bardi, tante de Contessina Bardi, femme de Cosme de Médicis dit *le père de la patrie.*

XIV. Gabriel de Valori, des princes de Fiésole, prince de Cozenza, duc de Gaëte, baron de Château-Renard, châtelain héréditaire des châteaux de Tarascon et de Beaucaire, vice-roi de Naples et de Provence, naquit à Florence le 14 février 1326, et mourut à Gaëte en 1409. Il épousa Marguerite d'Anjou, comtesse de Trani, nièce de la reine Jeanne.

XV. Barthélemi de Valori, prince de Cozenza, duc de Gaëte, marquis de Lecce au royaume de Naples, baron de Château-Renard en Provence, etc., grand-maître de la maison du roi René, viguier d'Arles et gouverneur d'Anjou, naquit à Naples le 6 mai 1376. Il épousa Césarée d'Arlatan, fille de Jean d'Arlatan, coseigneur souverain d'Arles, et de Bertrande des Porcellets.

XVI. Louis Ier de Valori, des princes de Fiésole, marquis de Lecce au royaume de Naples, sire d'Estilly en Touraine *par la grâce de Dieu,* premier écuyer de Charles d'Anjou, comte du Maine, garde du sceau du roi Charles VII, gouverneur d'Anjou; épousa Catherine, fille de Jean de Brisai, et de Marie de Rochechouart.

XVII. Georges de Valori, des princes de Fiésole, marquis de Lecce au royaume de Naples, sire d'Estilly en Touraine, gouverneur d'Anjou, premier écuyer du roi Charles VIII, exécuteur testamentaire de Charles d'Anjou, comte du Maine ; épousa Isabeau de Montalembert.

XVIII. Jean de Valori, des princes de Fiésole, marquis de Lecce au royaume de Naples, sire d'Estilly, premier baron de Touraine, fut créé chevalier par le roi Louis XII sur le champ de bataille d'Aignadel où il commandait un corps d'armée. Il épousa Renée de France, fille de Brandelis de France, comte de Champagne la Suze, et de Renée de Valois, sœur de Charles VIII, roi de France, par conséquent, petite-nièce de Charles VI, roi de France, et d'Isabelle de Bavière (1).

XIX. Philippe de Valori, des princes de Fiésole, etc., capitaine de cent lances des ordonnances du roi, épousa Catherine de la Grandière.

---

(1)

Charles VII,
marié à Marie d'Anjou.
|
Louis XI.
|

(a) Charles VIII,	(b) Renée de Valois,
marié à Anne de Bretagne.	mariée à Brandelis de France.
	Renée de France,
	mariée à *Jean de Valori*.

XX. Antoine de Valori, des princes de Fiésole, etc., gouverneur d'Anjou, capitaine des quarante-cinq, de la maison du roi, épousa Marie de
Moreau.

XXI. Louis II de Valori, des princes de Fié-
sole, etc., mestre de camp de cavalerie, épousa
Marie, fille de Charles, comte de Montsoreau, et de
Françoise de Méridor.

XXII. Louis III de Valori, des princes de Fiésole, marquis de Lecce et d'Estilly, comte de Beaumont en Véron, premier baron de Touraine, lieutenant-général des armées du roi, se distingua à la
bataille des Dunes. Louis XIV lui accorda des lettres patentes reconnaissant ses nombreuses parentés avec la maison de France (1). Il épousa Cathe-

---

(1) I. Tableau synoptique prouvant que les rois de France
François II, Charles IX et Henri III étaient arrière-petits-neveux
par alliance d'Isabella Valori :

(a) Pierre de Médicis II.	(b) Bravio de Médicis,
	marié à *Isabella Valori*.
Laurent de Médicis II.	
Catherine de Médicis,	
femme de Henri II, roi de France.	
François II, Charles IX, Henri III,	
rois de France.	

II. Tableau synoptique prouvant que les rois de France Henri IV,

rine le Voyer de Paulmi d'Argenson, filleule de la
sérénissime république de Venise.

XXIII. Marc-René-Alexis de Valori, des princes de Fiésole, marquis d'Estilly et de Lecce, etc., bri-

---

Louis XIII et Louis XIV étaient petits-neveux par alliance de Paul-
Antoine Valori, des princes de Fiésole :

| (*a*) Cosme Ier de Médicis, grand-duc de Toscane. | (*b*) Constance de Médicis, femme de *Paul Valori*. |

(*a*) Cosme Iᵉʳ de Médicis,
grand-duc de Toscane.

François-Marie de Médicis,
grand-duc de Toscane,
marié à Jeanne, archiduchesse d'Autriche.

Marie de Médicis,
mariée à Henri IV, roi de France.

Louis XIII.

Louis XIV.

III. Tableau synoptique prouvant que Alessandro Valori était
arrière-petit-fils par alliance de Henri IV, roi de France, et de
Marie de Médicis :

Henri IV, roi de France, marié à Marie de Médicis.

Gaston, duc d'Orléans, marié à Marguerite de Lorraine.

Marguerite-Louise d'Orléans,
mariée à Cosme III de Médicis, grand-duc de Toscane.

Marie-Jeanne de Médicis, mariée à *Alessandro Valori*, duc de Montemurlo.

—

Alessandro, par ce mariage, était petit-fils et petit-neveu de deux rois de France
et de trois grands-ducs de Toscane.

gadier des armées du roi, chevalier de Saint-Louis, épousa, le 2 mai 1736, Gabrielle-Élisabeth de Montmorenci, fille de Michel-Séraphin de Montmorenci, seigneur des Escotais, duc d'Acquest, comte d'Ormilly et de Chantilly, héritière de sa branche et de Louise-Élisabeth de Montmorenci-Laval.

XXIV. Louis-Marc-Antoine de Valori, des princes de Fiésole, marquis d'Estilly et de Lecce, comte de Beaumont en Véron, premier baron de Touraine, fut reconnu prince et patricien toscan par lettres impériales et royales du 12 février 1785, et substitué à tous les droits, honneurs et prérogatives des aînés de sa maison éteints à Florence en 1784. Il fut maréchal des camps et armées et lieutenant du roi en Provence. Il épousa Henriette-Joséphine de Thomassin, fille de Joseph-Étienne de Thomassin, marquis de Saint-Paul, de Montglat et de Pernes, vicomte de Reillanne, premier président au parlement de Provence, et de Louise de Marbeuf, sœur du comte de Marbeuf, premier gouverneur de Corse, le bienfaiteur de la famille Bonaparte.

XXV. Henri-Zosime de Valori, des princes de Fiésole, marquis d'Estilly et de Lecce, marquis de Saint-Paul, de Monglat et de Pernes, comte de Rognac, vicomte de Reillanne, baron de Château-Renard, Eyragues, Cabanes, Alby, Villargèles, Bompas, Rognonas, les îles de Barban, de Moustelle et d'Ompal, seigneur de Fuveau et de Penanvern, coseigneur de Noves, prince et patricien toscan, reçu chevalier de minorité de l'ordre de Malte sous les auspices de son oncle le commandeur de Valori, grand prieur de la langue de France, naquit à Château-Renard, le 7 juin 1786, et y mourut le 31 janvier 1859. Il épousa Anne-Caroline de Trochon de Laudigeois, fille de Charles, comte de Laudigeois, et de Geneviève de Villeroi, des seigneurs d'Osseville. Le 24 août 1855, le Tribunal de la Seine ordonna que le nom patronymique des princes souverains de Fiésole, Rustichelli, reconnu identique à celui de Valori, n'en serait jamais séparé, et que les actes de naissance de MM. de Valori seraient rectifiés dans ce sens.

XXVI (*a*). Charles-Ferdinand-Louis de Valori-Rustichelli, des princes de Fiésole, marquis de Valori, prince Rustichelli, a épousé Anne-Aglaé de Taillepied de Bondy, dont il a un fils, Taldo de Valori-Rustichelli, né en 1852.

XXVI (*b*). Roland-Anne de Valori-Rustichelli, des princes de Fiésole, marquis de Lecce, prince toscan.

XXVI (*c*). Henri-François de Valori-Rusti-

chelli, des princes de Fiésole, marquis de Montglat, prince toscan, chambellan de Son Altesse
impériale et royale le grand-duc de Toscane, né en
1833.

XXVI (*d*). Francesca de Valori-Rustichelli, mariée à Ferdinand, marquis de Beausset-Roquefort,
neveu du comte de Beausset, pair de France, ar-
chevêque d'Aix, et du cardinal duc de Beausset,
pair de France, cordon bleu, membre de l'Aca-
démie française.

XXVI (*e*). Henriette de Valori-Rustichelli.